I CAN
초등 영단어
Basic Level
주제별 영단어

by HWA KYUNG CH

KB097986

RINA BOOKS

저자 **최화경**

영국에서 TESOL 과정을 수료

유럽 및 영어권 전문 영어가이드로 활동하고 있으며 번역가로도 활동하고 있다.

저서로는 [Block voca]가 있으며 번역 작품으로는 [영어와 함께 읽는 이솝우화]가 있다.

I can 초등 영단어
주제별 영단어 학습편

초판 1쇄 발행 | 2021년 12월 10일

저 　자 | 최화경

펴낸이 | 이원호

펴낸곳 | 리나북스

등 　록 | 제99-2021-000013호

주 　소 | 경기도 남양주시 와부읍 덕소로97 101, 104-902

전 　화 | 031)576-0959

이메일 | rinabooks@naver.com

구입문의 | rinabooks@naver.com

ISBN | 979-11-974084-3-4　63740

시작 글

영어를 학습하는데 가장 기본이 되는 것은 단어 학습입니다.

단어는 반복학습이 가장 효과적입니다.

I can

초등 영단어 주제별 영단어 학습편은 반복학습의 중요성을 강조합니다.

반복적인 학습을 통해 아무리 쉽고 어려운 단어도 자신의 것이 될 수 있습니다.

새로운 단어를 학습하고 Review Test를 통해 단어의 실력을 점점 늘려 나갈 수 있습니다.

I can

초등 영단어 주제별 영단어 학습편은 문제를 통해 학습을 완성합니다.

문제를 풀면서 배우는 학습 효과는 단순 외우는 단어학습과는 다릅니다.

I can

초등 영단어 주제별 영단어 학습편은 학생 스스로 생각하며 단어를 학습하게 될 것입니다.

책의 구성

20unit으로 구성되어 주제별 단어와 문장을 학습하도록 구성되어 있습니다.
단어를 학습 후 Review Test를 통해 단어 학습을 완성합니다.

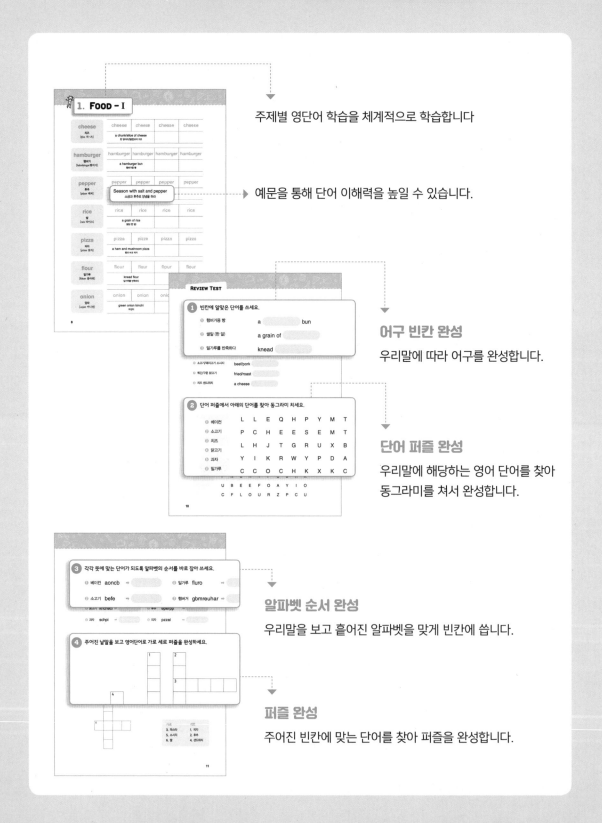

주제별 영단어 학습을 체계적으로 학습합니다

예문을 통해 단어 이해력을 높일 수 있습니다.

어구 빈칸 완성

우리말에 따라 어구를 완성합니다.

단어 퍼즐 완성

우리말에 해당하는 영어 단어를 찾아
동그라미를 쳐서 완성합니다.

알파벳 순서 완성

우리말을 보고 흩어진 알파벳을 맞게 빈칸에 씁니다.

퍼즐 완성

주어진 빈칸에 맞는 단어를 찾아 퍼즐을 완성합니다.

목차

영어는 문자와 소리가 서로 다른 언어입니다.
그래서 알파벳을 보고 처음부터 단어를 읽을 수는 없습니다.
우리는 단어를 읽기 위해 발음 기호라는 것을 배워야합니다.

이곳에서 기본적인 발음기호를 정리하겠습니다.

1. 모음

1) 장모음 : 길게 소리 나는 모음
2) 단모음 : 짧게 소리 나는 모음
3) 이중모음 : 모음과 모음이 둘이만나 나는 소리

장모음	[ɑ:] 아~		[ə:] 어~		[i:] 이~		[u:] 우~		[ɔ:] 오~
단모음	[i] 이	[e] 에	[ɑ] 아	[ə] 어	[æ] 애	[ʌ] 어	[u] 우		[ɔ] 오
이중 모음	[ai] 아이	[ei] 에이	[ɔi] 오이	[au] 아우	[ou] 오우	[iə] 이어	[uə] 우어	[ɛə] 에어	[eə] 에어

2. 자음

1) 유성자음

[b] ㅂ	[g] ㄱ	[d] ㄷ	[v] ㅂ	[z] ㅈ	[ð] ㄷ	[ʒ] ㅈ	[ʤ] 쥐	[m] ㅁ	[n] ㄴ	[ŋ] ㅇ	[r] ㄹ	[l] ㄹ

2) 무성자음

[p] ㅍ	[k] ㅋ	[t] ㅌ	[f] ㅍ	[s] ㅅ	[θ] ㅆ	[ʃ] 쉬	[ʧ] ㅊ	[h] ㅎ

3. 전체적인 발음 기호와 발음은 다음과 같이 정리할 수 있습니다.

[a]	[e]	[i]	[ɔ]	[u]	[a:]	[i:]	[ɔ:]	[u:]	[ə:]
아	에	이	오	우	아ː	이ː	오ː	우ː	어ː

[ai]	[ei]	[ɔi]	[ou]	[au]	[æ]	[ə]	[ʌ]	[iər]	[uər]
아이	에이	오이	오우	아우	애	어	어	이어	우어

[ɛər]	[g]	[n]	[ð]	[d]	[r]	[l]	[m]	[v]	[b]
에어	ㄱ	ㄴ	ㄷ	ㄷ	ㄹ	ㄹ	ㅁ	ㅂ	ㅂ

[s]	[ŋ]	[z]	[t]	[k]	[p]	[f]	[h]	[ɵ]	[ʃ]
ㅅ	ㅇ	ㅈ	ㅌ	ㅋ	ㅍ	ㅍ	ㅎ	ㅆ	쉬

[ʒ]	[dʒ]	[j]	[ju]	[w]	[wɔ]	[wa]	[tʃ]	[dʒa]	[tʃa]
쥐	쥐	이	유	우	워	와	취	주ㅏ	추ㅏ

1. FOOD - I

cheese 치즈 [ʧiːz 치-즈]	cheese	cheese	cheese	cheese
	a chunk/slice of cheese 한 덩어리/(얇은)조각 치즈			

hamburger 햄버거 [hǽmbə̀ːrgər햄버거]	hamburger	hamburger	hamburger	hamburger
	a hamburger bun 햄버거용 빵			

pepper 후추 [pépər 페퍼]	pepper	pepper	pepper	pepper
	Season with salt and pepper 소금과 후추로 양념을 하라			

rice 쌀 [rais 라이스]	rice	rice	rice	rice
	a grain of rice 쌀알 (한 알)			

pizza 피자 [píːtsə 핏자]	pizza	pizza	pizza	pizza
	a ham and mushroom pizza 햄과 버섯 피자			

flour 밀가루 [fláuər 플라워]	flour	flour	flour	flour
	knead flour 밀가루를 반죽하다			

onion 양파 [ʌ́njən 어니언]	onion	onion	onion	onion
	green onion kimchi 파김치			

bacon 베이컨 [béikən 베익컨]	bacon	bacon	bacon	bacon
	smoked/unsmoked bacon 훈제/비훈제 베이컨			

beef 소고기 [biːf 비이프]	beef	beef	beef	beef
	roast/minced beef 구운/다진 소고기			

sausage 소시지 [sɔ́ːsidʒ 소오세지]	sausage	sausage	sausage	sausage
	beef/pork sausages 소고기/돼지고기 소시지			

chicken 닭고기 [tʃíkən 치킨]	chicken	chicken	chicken	chicken
	fried/roast chicken 튀긴/구운 닭고기			

chips 과자 [tʃips 칩스]	chips	chips	chips	chips
	chocolate chip cookies 초콜릿 칩 쿠키			

sandwich 샌드위치 [sǽndwitʃ 샌뒤치]	sandwich	sandwich	sandwich	sandwich
	a cheese sandwich 치즈 샌드위치			

pasta 파스타 [páːstə 파스터]	pasta	pasta	pasta	pasta
	two large plates of pasta 가득 담은 파스타 두 접시			

1 빈칸에 알맞은 단어를 쓰세요.

❶ 햄버거용 빵   a ⬜⬜⬜⬜⬜ bun

❷ 쌀알 (한 알)   a grain of ⬜⬜⬜⬜⬜

❸ 밀가루를 반죽하다   knead ⬜⬜⬜⬜⬜

❹ 훈제/비훈제 베이컨   smoked/unsmoked ⬜⬜⬜⬜⬜

❺ 파김치   green ⬜⬜⬜⬜⬜ kimchi

❻ 소고기/돼지고기 소시지   beef/pork ⬜⬜⬜⬜⬜

❼ 튀긴/구운 닭고기   fried/roast ⬜⬜⬜⬜⬜

❽ 치즈 샌드위치   a cheese ⬜⬜⬜⬜⬜

2 단어 퍼즐에서 아래의 단어를 찾아 동그라미 치세요.

❶ 베이컨
❷ 소고기
❸ 치즈
❹ 닭고기
❺ 과자
❻ 밀가루

L	L	E	Q	H	P	Y	M	T	K
P	C	H	E	E	S	E	M	T	J
L	H	J	T	G	R	U	X	B	P
Y	I	K	R	W	Y	P	D	A	Y
C	C	O	C	H	K	X	K	C	Y
I	K	R	U	P	W	C	J	O	E
P	E	M	P	M	L	Q	C	N	S
P	N	C	H	I	P	S	J	R	X
U	B	E	E	F	O	A	Y	I	O
C	F	L	O	U	R	Z	P	C	U

3 각각 뜻에 맞는 단어가 되도록 알파벳의 순서를 바로 잡아 쓰세요.

① 베이컨　aoncb　➡ 　　　　　　　　⑥ 밀가루　fluro　➡

② 소고기　befe　➡ 　　　　　　　　⑦ 햄버거　gbmreuhar　➡

③ 치즈　seheec　➡ 　　　　　　　　⑧ 파스타　astap　➡

④ 닭고기　kncheci　➡ 　　　　　　　　⑨ 후추　eperpp　➡

⑤ 과자　schpi　➡ 　　　　　　　　⑩ 피자　pzzai　➡

4 주어진 낱말을 보고 영어단어로 가로 세로 퍼즐을 완성하세요.

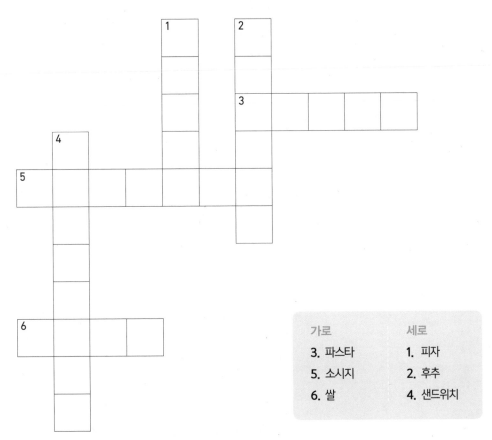

가로	세로
3. 파스타	1. 피자
5. 소시지	2. 후추
6. 쌀	4. 샌드위치

2. FOOD - II

cake 케익 [keik 케익]	cake	cake	cake	cake
	a piece/slice of cake 케이크 한 조각			

chocolate 초콜릿 [tʃɔ́ːkələt 초클릿]	chocolate	chocolate	chocolate	chocolate
	a bar/piece of chocolate 초콜릿 바 하나/한 조각			

cocoa 코코아 [kóukou 코우코오]	cocoa	cocoa	cocoa	cocoa
	a mug of cocoa (머그잔으로) 코코아 한 잔			

cookie 과자 [kúki 쿠키]	cookie	cookie	cookie	cookie
	chocolate chip cookies 초콜릿 칩 과자			

juice 주스 [dʒuːs 주ー스]	juice	juice	juice	juice
	Two orange juices, please 오렌지 주스 두 잔 주세요			

milk 우유 [milk 밀크]	milk	milk	milk	milk
	a bottle/carton of milk 우유 한 병/통			

pie 파이 [pai 파이]	pie	pie	pie	pie
	a slice of apple pie 애플파이 한 조각			

salt 소금 [sɔːlt 소올트]	salt	salt	salt	salt
	Pass the salt, please 소금 좀 건네주세요.			

sugar 설탕 [ʃúgər 슈거]	sugar	sugar	sugar	sugar
	Do you take sugar? 설탕 넣으세요?			

sweet 사탕 [swiːt 스윗]	sweet	sweet	sweet	sweet
	taste sweet 맛이 달콤하다			

water 물 [wátər 워러]	water	water	water	water
	a glass of water 물 한 잔			

yogurt 요구르트 [jóugərt 요우거트]	yogurt	yogurt	yogurt	yogurt
	plain yogurt 플레인 요구르트			

potato 감자 [pəˈteɪtəʊ 포테이토]	potato	potato	potato	potato
	boiled/baked/fried potatoes 삶은/구운/튀긴 감자			

carrot 당근 [ˈkærət 캐러트]	carrot	carrot	carrot	carrot
	grated carrot 강판에 간 당근			

1 빈칸에 알맞은 단어를 쓰세요.

① 설탕 넣으세요?   Do you take _____?

② 물 한 잔   a glass of _____

③ 애플파이 한 조각   a slice of apple _____

④ 초콜릿 칩 과자   chocolate chip _____

⑤ 코코아 한 잔   a mug of _____

⑥ 강판에 간 당근   grated _____

⑦ 맛이 달콤하다   taste _____

⑧ 케이크 한 조각   a piece/slice of _____

2 단어 퍼즐에서 아래의 단어를 찾아 동그라미 치세요.

① 코코아
② 과자
③ 주스
④ 우유
⑤ 파이
⑥ 소금
⑦ 설탕

H	I	O	S	Q	T	M	P	I	E
N	O	J	U	I	C	E	U	M	K
M	U	G	G	C	O	O	K	I	E
O	L	L	A	S	C	R	R	L	S
R	I	E	R	A	O	X	B	K	K
W	W	D	L	L	A	J	V	Y	N
B	W	N	U	T	W	X	M	R	B
X	X	K	X	I	H	E	A	I	X
N	A	W	M	T	Y	Q	I	K	B
G	E	C	J	Q	Z	Z	W	O	N

3 각각 뜻에 맞는 단어가 되도록 알파벳의 순서를 바로 잡아 쓰세요.

❶ 케익   akce   ➡ [   ]

❷ 초콜릿 tloechoac ➡ [   ]

❸ 코코아 coaoc ➡ [   ]

❹ 과자   ckeoio ➡ [   ]

❺ 주스   uijec ➡ [   ]

❻ 우유   iklm   ➡ [   ]

❼ 파이   epi   ➡ [   ]

❽ 소금   alst   ➡ [   ]

❾ 설탕   rsagu ➡ [   ]

❿ 사탕   weset ➡ [   ]

4 주어진 낱말을 보고 영어단어로 가로 세로 퍼즐을 완성하세요.

가로	세로
3. 소금	1. 요구르트
4. 주스	2. 물
5. 사탕	5. 설탕

3. TRANSPORTATION

airplane 비행기 [eˈrplein 에어플레인]	airplane	airplane	airplane	airplane
	an airplane crash/flight 항공기 사고/비행			

ambulance 구급차 [ǽmbjuləns 앰뷸런스]	ambulance	ambulance	ambulance	ambulance
	Call an ambulance! 구급차 불러요!			

balloon 풍선, 열기구 [bəlúːn 벌룬]	balloon	balloon	balloon	balloon
	to blow up/burst/pop a balloon 풍선을 불다/터트리다/펑 터트리다			

bicycle 자전거 [báisikl 바이시클]	bicycle	bicycle	bicycle	bicycle
	go on a bicycle 자전거로 가다			

boat 배 [bout 보우트]	boat	boat	boat	boat
	a rowing/sailing boat 노 젓는/돛단 배			

bus 버스 [bʌs 버스]	bus	bus	bus	bus
	a bus company/driver 버스 회사/운전사			

car 자동차 [kaːr 카아]	car	car	car	car
	a car accident/crash 자동차 사고/충돌			

helicopter 헬리콥터 [hélikɑ̀ptər 헬리캅터]	helicopter	helicopter	helicopter	helicopter
	a helicopter pilot 헬리콥터 조종사			
motorcycle 오토바이 [móutərsàikl 모우터사이클]	motorcycle	motorcycle	motorcycle	motorcycle
	motorcycle racing 오토바이 경주			
subway 지하철 [sʌ́bwèi 서브웨이]	subway	subway	subway	subway
	to ride/take the subway 지하철을 타다			
taxi 택시 [tǽksi 택시]	taxi	taxi	taxi	taxi
	a taxi driver/ride 택시 기사/타다			
train 기차 [trein 트레인]	train	train	train	train
	to get on/off a train 기차에 타다/기차에서 내리다			
truck 트럭 [trʌk 트럭]	truck	truck	truck	truck
	garbage/farm truck 쓰레기차/농장 트럭			
ship 선박, 함선 [ʃɪp, 쉽]	ship	ship	ship	ship
	a sailing/cargo/cruise ship 범선/화물선/유람선			

1 빈칸에 알맞은 단어를 쓰세요.

① 헬리콥터 조종사   a   pilot

② 기차에 타다   to get on a

③ 자전거로 가다   go on a

④ 구급차 불러요!   Call an   !

⑤ 오토바이 경주   racing

⑥ 버스 회사/운전사   a   company/driver

⑦ 지하철을 타다   take the

⑧ 자동차 사고   a   accident

2 단어 퍼즐에서 아래의 단어를 찾아 동그라미 치세요.

① 구급차
② 열기구
③ 자전거
④ 배
⑤ 버스
⑥ 자동차
⑦ 헬리콥터

H	E	L	I	C	O	P	T	E	R
Q	A	M	B	U	L	A	N	C	E
G	C	A	R	B	M	A	E	G	B
W	U	X	B	A	D	K	L	J	O
X	W	U	O	L	T	W	I	J	A
E	Z	F	O	L	X	L	T	R	T
G	K	A	K	O	U	B	U	S	P
W	Y	R	F	O	Q	Q	H	D	H
S	R	E	V	N	E	D	Y	R	F
R	Q	P	B	I	C	Y	C	L	E

3 각각 뜻에 맞는 단어가 되도록 알파벳의 순서를 바로 잡아 쓰세요.

① 비행기 rpanleai ➡ 　
② 구급차 bnmcaaeul ➡ 　
③ 열기구 labonol ➡ 　
④ 자전거 lceibyc ➡ 　
⑤ 배 tboa ➡ 　

⑥ 버스 ubs ➡ 　
⑦ 자동차 acr ➡ 　
⑧ 헬리콥터 lhpierotec ➡ 　
⑨ 오토바이 eylcomtcor ➡ 　
⑩ 지하철 ybswau ➡ 　

4 주어진 낱말을 보고 영어단어로 가로 세로 퍼즐을 완성하세요.

가로	세로
3. 버스	1. 헬리콥터
4. 자전거	2. 지하철
5. 오토바이	4. 열기구
6. 배	
7. 자동차	

children 아이들 [tʃíldrən 칠드런]	children	children	children	children
	Children Playing 어린이 보호구역			

adult 어른 [ədʌlt 어덜트]	adult	adult	adult	adult
	adult behavior 어른스러운 행동			

baby 아기 [béibi 베이비]	baby	baby	baby	baby
	The baby's crying! 아기가 울어요!			

boy 소년 [bɔi 보이]	boy	boy	boy	boy
	a little/small/young boy 어린[작은] 남자 아이			

girl 소녀 [gəːrl 걸]	girl	girl	girl	girl
	a little girl of five 다섯 살짜리 어린 여자 아이			

name 이름 [neim 네임]	name	name	name	name
	What's your name? 너 이름이 뭐니?			

old 나이든 [ould 오울드]	old	old	old	old
	to get/grow old 나이가 많아지다/늙어가다			

people 사람들 [píːpl 피플]	people	people	people	people
	village people 마을 사람들			

person 사람 [pə́ːrsn 퍼션]	person	person	person	person
	the natural person 자연인			

pregnant 임신한 [prégnənt 프레그넌트]	pregnant	pregnant	pregnant	pregnant
	a heavily pregnant woman 만삭의 여성			

woman 여자 [wúmən 워먼]	woman	woman	woman	woman
	woman's wit 여자의 재치			

young 어린 [jʌŋ 영]	young	young	young	young
	young fashion 젊은이들의 패션			

youth 청년 [juːθ 유쓰]	youth	youth	youth	youth
	the youth of today 오늘날의 청년			

teenager 청소년(십대) [ˈtiːneɪdʒə(r), 틴네이져]	teenager	teenager	teenager	teenager
	a defiant teenager 반항적인 청소년(십대)			

REVIEW TEST

1 빈칸에 알맞은 단어를 쓰세요.

❶ 자연인　　　　　　　the natural ▨▨▨▨▨

❷ 마을 사람들　　　　　village ▨▨▨▨▨

❸ 오늘날의 청년　　　　the ▨▨▨▨▨ of today

❹ 반항적인 청소년(십대)　a defiant ▨▨▨▨▨

❺ 너 이름이 뭐니?　　　What's your ▨▨▨▨▨?

❻ 아기가 울어요!　　　　The ▨▨▨▨▨ crying!

❼ 어린이 보호구역　　　▨▨▨▨▨ Playing

❽ 어른스러운 행동　　　▨▨▨▨▨ behavior

2 단어 퍼즐에서 아래의 단어를 찾아 동그라미 치세요.

❶ 아기
❷ 소년
❸ 아이들
❹ 소녀
❺ 이름
❻ 나이든
❼ 사람들
❽ 사람

W	B	E	K	P	D	X	W	V	G
R	T	G	I	R	L	K	Q	V	P
S	H	V	K	E	X	K	Z	R	P
P	Y	L	N	D	B	U	H	X	P
P	C	H	I	L	D	R	E	N	E
E	B	A	B	Y	U	P	I	T	R
O	L	D	O	J	Q	O	R	A	S
P	A	F	Q	F	N	A	M	E	O
L	P	G	R	Z	V	J	O	K	N
E	O	I	B	O	Y	E	B	T	X

3 각각 뜻에 맞는 단어가 되도록 알파벳의 순서를 바로 잡아 쓰세요.

❶ 어른   dulta   ➡   ❻ 이름   naem   ➡

❷ 아기   abby   ➡   ❼ 나이든   dol   ➡

❸ 소년   oby   ➡   ❽ 사람들   pleope   ➡

❹ 아이들   nhrlcied   ➡   ❾ 사람   snrepo   ➡

❺ 소녀   rgil   ➡   ❿ 임신한   ntgpraen   ➡

4 주어진 낱말을 보고 영어단어로 가로 세로 퍼즐을 완성하세요.

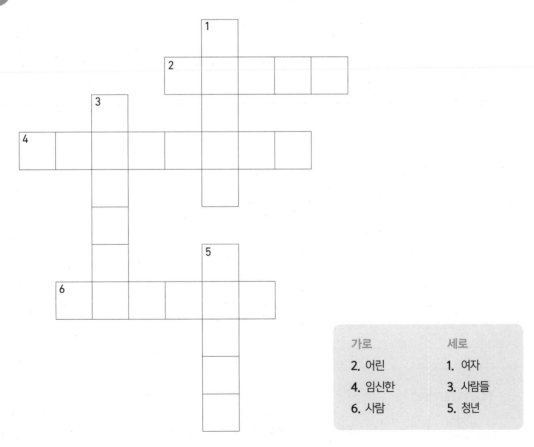

가로	세로
2. 어린	1. 여자
4. 임신한	3. 사람들
6. 사람	5. 청년

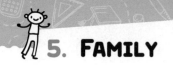

parents 부모 [péərənt 페어런트]	parents	parents	parents	parents
	a loving parent 애정 어린 부모			

daughter 딸 [dɔ́:tər 도우러]	daughter	daughter	daughter	daughter
	She's the only daughter 그녀는 외동딸이다.			

son 아들 [sʌn 손]	son	son	son	son
	one's eldest son 맏아들, 장남			

nephew 조카 [néfju: 네퓨]	nephew	nephew	nephew	nephew
	Troublemaker nephew 말썽꾸러기 조카			

husband 남편 [hʌzbənd 허즈번드]	husband	husband	husband	husband
	house husband 전업[가사 전담] 남편			

uncle 삼촌 [ˈʌŋkl 엉클]	uncle	uncle	uncle	uncle
	call on my uncle 나의 삼촌을 찾아뵙다			

mother 어머니 [mʌðər 마더]	mother	mother	mother	mother
	She's the mother of twins 그녀는 쌍둥이를 둔 엄마이다.			

grandmother 할머니 [grǽndmʌðər 그랜드머더]	grandmother	grandmother	grandmother	grandmother
	my paternal grandmother 나의 친할머니			

grandfather 할아버지 [grǽndfàːðər 그랜드파더]	grandfather	grandfather	grandfather	grandfather
	my maternal grandfather 나의 외할아버지			

sister 언니, 누나, 여동생 [sístər 시스터]	sister	sister	sister	sister
	an older/younger sister 언니[누나]/여동생			

brother 형제, 형, 남동생 [brʌðər 브라더]	brother	brother	brother	brother
	a twin brother (자신과) 쌍둥이 형제			

cousin 사촌 [kʌzn 커어즌]	cousin	cousin	cousin	cousin
	She's my cousin 그녀는 내 사촌이다			

aunt 고모, 이모 [ænt 앤트]	aunt	aunt	aunt	aunt
	my aged aunt 연로하신 우리 이모[고모/숙모]님			

father 아버지 [fάːðər 파더]	father	father	father	father
	God the Father 하느님 아버지			

REVIEW TEST

1 빈칸에 알맞은 단어를 쓰세요.

① 쌍둥이 형제   a twin

② 하느님 아버지   God the

③ 그녀는 내 사촌이다   She's my

④ 나의 친할머니   my paternal

⑤ 말썽꾸러기 조카   Troublemaker

⑥ 전업[가사 전담] 남편   house

⑦ 애정 어린 부모   a loving

⑧ 맏아들, 장남   one's eldest

2 단어 퍼즐에서 아래의 단어를 찾아 동그라미 치세요.

① 고모
② 형
③ 사촌
④ 딸
⑤ 아버지

C	O	U	S	I	N	W	L	A	F
Z	Y	S	L	U	T	F	W	Y	B
N	Y	O	G	S	D	A	K	T	R
A	D	A	U	G	H	T	E	R	O
X	Z	K	W	C	P	H	A	N	T
X	Q	H	J	U	Y	E	U	R	H
B	O	E	J	T	C	R	N	C	E
O	X	A	G	H	C	W	T	T	R
U	X	F	B	E	F	W	O	O	G
R	O	X	U	W	H	N	Y	O	A

3 각각 뜻에 맞는 단어가 되도록 알파벳의 순서를 바로 잡아 쓰세요.

① 고모   uatn ➡   ⑥ 할아버지 rrndtgeaahf ➡

② 형, 오빠   rhorebt ➡   ⑦ 할머니 gdtanrrmohe ➡

③ 사촌   uosnic ➡   ⑧ 남편   budahns ➡

④ 딸   hrteudag ➡   ⑨ 어머니   reomht ➡

⑤ 아버니   ratfhe ➡   ⑩ 조카   neewph ➡

4 주어진 낱말을 보고 영어단어로 가로 세로 퍼즐을 완성하세요.

가로	세로
2. 조카	1. 삼촌
5. 아들	3. 부모
6. 남편	4. 어머니
7. 언니,누나	

6. TOWN

market 시장 [máːrkit 마켓]	market	market	market	market
	an indoor/a street market 실내/길거리 시장			

park 공원 [paːrk 파크]	park	park	park	park
	a wildlife park 야생 동물 보호 지역			

restaurant 식당 [réstərənt 레스터랑]	restaurant	restaurant	restaurant	restaurant
	a self-service restaurant 셀프서비스식 식당			

shop 매장 [ʃap 샵]	shop	shop	shop	shop
	a flower shop 꽃집			

kindergarten 유치원 [kíndərgaːrtn 킨더가아든]	kindergarten	kindergarten	kindergarten	kindergarten
	kindergarten teacher 유치원 선생님			

capital 수도 [ˈkæpɪt 캐피털]	capital	capital	capital	capital
	London is the capital of England 런던은 영국의 수도이다			

town 읍, 시 [taun 타운]	town	town	town	town
	Go to the town 마을로 가세요			

bank 은행 [bæŋk 뱅크]	bank	bank	bank	bank
	a bank manager 은행 지점장			

bridge 다리, 교량 [bridʒ 브릿지]	bridge	bridge	bridge	bridge
	cross a bridge 다리를 건너다			

building 건물 [bíldiŋ 빌딩]	building	building	building	building
	tall/old/historic building 높은/오래된/역사적인 건물			

cafe 카페 [kæféi 카페]	cafe	cafe	cafe	cafe
	a waterside cafe 강개[호숫가] 카페			

church 교회 [tʃəːrtʃ 처어치]	church	church	church	church
	attend[go to] church 교회에 다니다			

hotel 호텔 [houtél 호우텔]	hotel	hotel	hotel	hotel
	hotel rooms/guests 호텔 객실/투숙객			

library 도서관 [láibrèri 라이브러리	library	library	library	library
	a toy library 장난감 도서관			

1 빈칸에 알맞은 단어를 쓰세요.

① 꽃집   a flower

② 마을로 가세요   go to the

③ 야생 동물 보호 지역   a wildlife

④ 유치원 선생님   teacher

⑤ 다리를 건너다   cross a

⑥ 은행 지점장   a   manager

⑦ 장난감 도서관   a toy

⑧ 강가[호숫가] 카페   a waterside

2 단어 퍼즐에서 아래의 단어를 찾아 동그라미 치세요.

① 은행
② 다리
③ 빌딩
④ 교회
⑤ 호텔
⑥ 도서관
⑦ 수도

N	B	S	D	S	A	R	P	Q	K
L	U	M	K	G	B	X	J	J	M
W	I	X	B	R	I	D	G	E	G
V	L	N	M	C	H	U	R	C	H
I	D	J	L	I	B	R	A	R	Y
G	I	C	A	P	I	T	A	L	X
R	N	W	N	H	O	T	E	L	J
B	G	B	A	N	K	X	Y	B	K
Q	U	L	J	Q	V	I	Z	V	L
D	J	F	V	T	R	P	W	H	U

3 각각 뜻에 맞는 단어가 되도록 알파벳의 순서를 바로 잡아 쓰세요.

❶ 은행　bnka　➡

❷ 다리　idbger　➡

❸ 빌딩　ildbuign　➡

❹ 카페　ecaf　➡

❺ 교회　urchhc　➡

❻ 호텔　tlhoe　➡

❼ 도서관　abyrirl　➡

❽ 시장　mktera　➡

❾ 공원　rakp　➡

❿ 매장　ohps　➡

4 주어진 낱말을 보고 영어단어로 가로 세로 퍼즐을 완성하세요.

가로	세로
1. 호텔	2. 도서관
4. 카페	3. 시장
5. 교회	6. 빌딩
8. 식당	7. 수도

31

7. ANIMAL

koala 코알라 [kouá:lə 코우알러]	koala	koala	koala	koala
	Koalas only sleep 코알라는 잠만 잔다			

lion 사자 [láiən 라이언]	lion	lion	lion	lion
	The lion fell asleep deeply. 사자는 깊이 잠들었다.			

monkey 원숭이 [mʌŋki 멍키]	monkey	monkey	monkey	monkey
	The monkey fell off the tree 그 원숭이는 나무에서 떨어졌다			

panda 판다 [pǽndə 팬더]	panda	panda	panda	panda
	Panda likes to eat bamboo 판다는 대나무 먹는 것을 좋아한다			

pig 돼지 [pig 피그]	pig	pig	pig	pig
	Don't eat like a pig. 돼지처럼 먹지 마			

raccoon 너구리 [rækú:n 래쿤]	raccoon	raccoon	raccoon	raccoon
	Raccoon is very smart 너구리는 매우 영리하다			

sheep 양 [ʃi:p 쉽]	sheep	sheep	sheep	sheep
	a sheep farmer 목양업자			

cat 고양이 [kæt 캣]	cat	cat	cat	cat
	cat food 고양이 먹이			

dog 개 [dɔːg 도그]	dog	dog	dog	dog
	I took the dog for a walk. 나는 개를 산책시키러 갔다.			

donkey 당나귀 [dáŋki 당키]	donkey	donkey	donkey	donkey
	The king has donkey ears 임금님 귀는 당나귀 귀			

elephant 코끼리 [éləfənt 엘러펀트]	elephant	elephant	elephant	elephant
	African elephant 아프리카 코끼리			

goat 염소 [gout 고우트]	goat	goat	goat	goat
	a mountain goat 산악 염소			

gorilla 고릴라 [gərílə 고릴러]	gorilla	gorilla	gorilla	gorilla
	The gorilla is dancing 고릴라가 춤을 추고 있다			

kangaroo 캥거루 [kæŋgərúː 캥거루]	kangaroo	kangaroo	kangaroo	kangaroo
	Kangaroo has long tails. 캥거루는 긴 꼬리를 가지고 있다.			

REVIEW TEST

1 빈칸에 알맞은 단어를 쓰세요.

① 임금님 귀는 당나귀 귀

The king has _____ ears

② 고릴라가 춤을 추고 있다

The _____ is dancing

③ 나는 개를 산책시키러 갔다

I took the _____ for a walk.

④ 고양이 먹이

_____ food

⑤ 돼지처럼 먹지 마

Don't eat like a _____

⑥ 목양업자

a _____ farmer

⑦ 너구리는 매우 영리하다

_____ is very smart

⑧ 코알라는 잠만 잔다

_____ only sleep

2 단어 퍼즐에서 아래의 단어를 찾아 동그라미 치세요.

① 캥거루
② 코알라
③ 사자
④ 원숭이
⑤ 판다
⑥ 돼지
⑦ 양
⑧ 호랑이

B	D	F	G	V	V	B	E	Y	Y
N	K	A	N	G	A	R	O	O	U
P	J	B	F	Z	G	P	M	R	G
K	P	J	M	C	L	Y	D	U	I
O	W	L	I	O	N	E	V	A	T
A	K	A	R	P	W	S	V	B	I
L	O	H	P	A	B	H	X	C	G
A	I	M	O	N	K	E	Y	A	E
X	P	I	G	D	B	E	S	H	R
L	H	Z	Y	A	R	P	K	N	J

34

3 각각 뜻에 맞는 단어가 되도록 알파벳의 순서를 바로 잡아 쓰세요.

❶ 고양이 act ➡

❷ 개 god ➡

❸ 당나귀 nydkoe ➡

❹ 코끼리 alnhtpee ➡

❺ 염소 toga ➡

❻ 고릴라 irlgoal ➡

❼ 캥거루 noaagrko ➡

❽ 코알라 akaol ➡

❾ 사자 nloi ➡

❿ 원숭이 yoenmk ➡

4 주어진 낱말을 보고 영어단어로 가로 세로 퍼즐을 완성하세요.

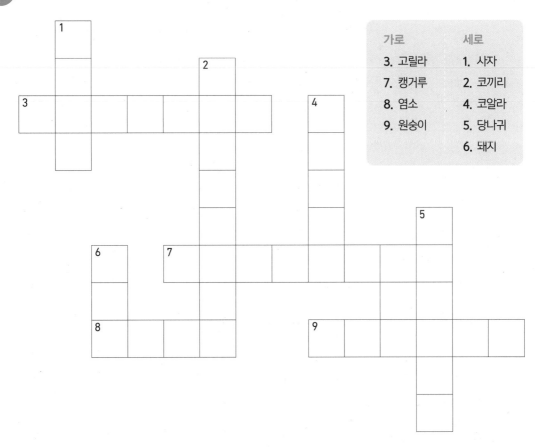

가로	세로
3. 고릴라	1. 사자
7. 캥거루	2. 코끼리
8. 염소	4. 코알라
9. 원숭이	5. 당나귀
	6. 돼지

8. FRUIT

apple 사과 [ǽpl 애펄]	apple	apple	apple	apple
	an apple pie 사과[애플]파이			

avocado 아보카도 [ævəkάːdou 애버카도우]	avocado	avocado	avocado	avocado
	Cooking using avocado 아보카도를 이용한 요리			

banana 바나나 [bənǽnə 버내너]	banana	banana	banana	banana
	a bunch of bananas 바나나 한 송이			

cherry 체리 [tʃéri 체리]	cherry	cherry	cherry	cherry
	It's full of cherry scent. 체리향이 가득하다			

grapes 포도 [greip 그레입스]	grapes	grapes	grapes	grapes
	harvest grapes 포도를 수확하다			

lemon 레몬 [lémən 레먼]	lemon	lemon	lemon	lemon
	lemon tea 레몬 티			

mango 망고 [mǽŋgou 맹고우]	mango	mango	mango	mango
	Mango is a tropical fruit. 망고는 열대 과일이다.			

orange 오렌지 [ɔ́:rindʒ 오어런지]	orange	orange	orange	orange
	orange peel 오렌지 껍질			

papaya 파파야 [pəpá:jə 퍼파이야]	papaya	papaya	papaya	papaya
	Have you eaten papaya? 파파야 먹어 봤어요?			

pear 배 [pɛər 페어]	pear	pear	pear	pear
	a juicy pear 과즙이 많은 배			

pineapple 파인애플 [paiˈnæˌpəl 파이네펄]	pineapple	pineapple	pineapple	pineapple
	fresh pineapple 신선한 파인애플			

plum 자두 [plʌm 플럼]	plum	plum	plum	plum
	Dried plum is called prune. 말린 자두는 프룬이라고 한다.			

strawberry 딸기 [strɔ́:bèri 스트로베어리]	strawberry	strawberry	strawberry	strawberry
	a strawberry shake 딸기 (밀크)셰이크			

peach 복숭아 [pi:tʃ 퍼이치]	peach	peach	peach	peach
	a heavenly peach 천도복숭아			

1 빈칸에 알맞은 단어를 쓰세요.

❶ 천도복숭아   a heavenly ▢

❷ 신선한 파인애플   fresh ▢

❸ 딸기 (밀크)셰이크   a ▢ shake

❹ 과즙이 많은 배   a juicy ▢

❺ 레몬 티   ▢ tea

❻ 체리향이 가득하다   It's full of ▢ scent

❼ 사과[애플]파이   an ▢ pie

❽ 포도를 수확하다   harvest ▢

2 단어 퍼즐에서 아래의 단어를 찾아 동그라미 치세요.

❶ 아보카도
❷ 바나나
❸ 체리
❹ 포도
❺ 레몬
❻ 망고
❼ 오렌지

C	H	J	B	A	N	A	N	A	Z
H	L	I	F	V	O	R	C	L	D
E	W	L	T	O	C	Q	X	E	V
R	M	G	T	C	T	K	N	M	H
R	A	R	O	A	W	M	O	O	F
Y	N	A	R	D	Y	S	G	N	S
O	G	P	A	O	A	A	X	I	R
U	O	E	N	H	C	R	O	O	B
J	S	S	G	H	M	Z	O	P	Z
H	P	C	E	B	C	J	H	H	G

3 각각 뜻에 맞는 단어가 되도록 알파벳의 순서를 바로 잡아 쓰세요.

❶ 사과   pleap ➡   ❻ 레몬   onelm ➡

❷ 아보카도   adcoavo ➡   ❼ 망고   aongm ➡

❸ 바나나   baaann ➡   ❽ 오렌지   groean ➡

❹ 체리   yhrcer ➡   ❾ 파파야   pyaaap ➡

❺ 포도   presag ➡   ❿ 배   prea ➡

4 주어진 낱말을 보고 영어단어로 가로 세로 퍼즐을 완성하세요.

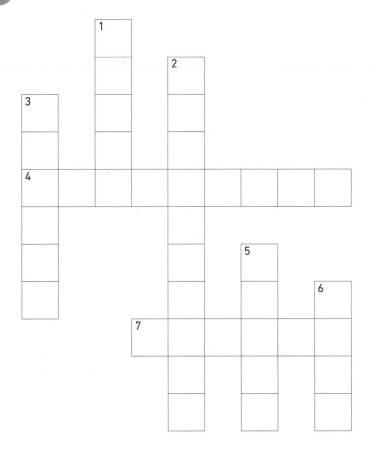

가로
4. 파인애플
7. 오렌지

세로
1. 레몬
2. 딸기
3. 파파야
5. 망고
6. 배

day 일 [deɪ 데이]	day	day	day	day
	daily routine 매일 똑같이 하는 일			

month 월 [mʌnθ 먼스]	month	month	month	month
	last month 지난달			

January 1월 [dʒǽnjuèri 재뉴어얼리]	January	January	January	January
	early in January 정초에			

February 2월 [fébruèri 페브어얼리]	February	February	February	February
	February has fewer dates 2월은 날짜가 적다			

March 3월 [maːrtʃ 마아치]	March	March	March	March
	spring begins in March 봄은 3월에 시작한다			

April 4월 [éiprəl 에이프럴]	April	April	April	April
	be made an April fool 4월 만우절 바보가 되다			

May 5월 [mei 메이]	May	May	May	May
	May Queen 5월의 여왕			

June 6월 [dʒuːn 준]	June	June	June	June
	June bride 6월의 신부			

July 7월 [dʒuːlái 줄라이]	July	July	July	July
	Fourth of July 7월 4일(미국 독립 선언 기념일)			

August 8월 [ɔ́ːgəst 오거스트]	August	August	August	August
	a muggy August day 후텁지근한 8월의 어느 하루			

September 9월 [septémbər 셉템버]	September	September	September	September
	September, when autumn begins 가을이 시작되는 9월			

October 10월 [aktóubər 악토우버]	October	October	October	October
	a child born in October 10월에 태어난 아이			

November 11월 [nouvémbər 노멤버]	November	November	November	November
	November 11th is a special day 11월 11일은 특별한 날			

December 12월 [disémbər 디셈버]	December	December	December	December
	ice cold December weather 혹한 12월 날씨.			

1 빈칸에 알맞은 단어를 쓰세요.

① 11월 11일은 특별한 날   [   ] 11th is a special day

② 혹한 12월 날씨.   ice cold [   ] weather

③ 6월의 신부   [   ] bride

④ 7월 4일(미국 독립 기념일)   Fourth of [   ]

⑤ 5월의 여왕   [   ] Queen

⑥ 봄은 3월에 시작한다   spring begins in [   ]

⑦ 4월 만우절 바보가 되다   be made an [   ] fool

⑧ 지난달   last [   ]

2 단어 퍼즐에서 아래의 단어를 찾아 동그라미 치세요.

① 1월
② 2월
③ 3월
④ 4월
⑤ 5월
⑥ 6월

M	G	M	H	M	C	Y	U	Z	N
V	X	T	O	A	B	R	T	G	C
Q	V	A	H	R	M	A	Y	Y	V
U	A	Y	I	C	H	Q	N	J	N
L	A	L	G	H	D	W	W	A	Q
R	P	H	G	G	U	J	U	N	E
R	R	T	X	O	O	R	S	U	P
W	I	A	D	R	F	D	Z	A	M
E	L	F	E	B	R	U	A	R	Y
X	C	V	X	D	E	V	T	Y	L

3 각각 뜻에 맞는 단어가 되도록 알파벳의 순서를 바로 잡아 쓰세요.

① 1월 yaurnaj ➡

⑥ 7월 yluj ➡

② 2월 rbreayuf ➡

⑦ 8월 ugastu ➡

③ 3월 rmcah ➡

⑧ 9월 emserpteb ➡

④ 4월 rlpai ➡

⑨ 10월 coboetr ➡

⑤ 6월 uenj ➡

⑩ 12월 mdeceerb ➡

4 주어진 낱말을 보고 영어단어로 가로 세로 퍼즐을 완성하세요.

가로	세로
3. 2월	1. 5월
5. 10월	2. 9월
6. 7월	4. 4월
7. 3월	

black 검정 [blæk 블랙]	black	black	black	black
	black storm clouds 폭풍우를 몰고 올 먹구름			

brown 갈색 [braun 브라운]	brown	brown	brown	brown
	brown eyes 갈색 눈동자			

gray 회색 [grei 그레이]	gray	gray	gray	gray
	grey eyes/hair 회색 눈/잿빛 머리			

green 초록 [gri:n 그린]	green	green	green	green
	green beans 그린 콩			

pink 분홍 [piŋk 핑크]	pink	pink	pink	pink
	pale pink roses 연분홍색 장미			

purple 보라 [pə́:rpl 퍼펄]	purple	purple	purple	purple
	Purple looks good on you 보라색 잘 어울려요			

red 빨간 [red 레드]	red	red	red	red
	a red-haired girl 빨간 머리의 소녀			

white 흰색 [wait 와잇]	white	white	white	white
	white bread 흰빵[흰 밀가루로 만든 빵]			

yellow 노란 [jélou 옐로우]	yellow	yellow	yellow	yellow
	double yellow lines 두 줄 황색선(= 주차 금지선)			

circle 원, 동그라미 [sə́:rkl 서클]	circle	circle	circle	circle
	circle the correct answer 정답에 동그라미를 치다			

rectangle 직사각형 [réktæŋgl 렉탱컬]	rectangle	rectangle	rectangle	rectangle
	rectangle graph 직사각형 그래프			

round 둥근모양 [raund 라운드]	round	round	round	round
	a round plate 둥근 접시			

square 정사각형 [skwɛər 스퀘어]	square	square	square	square
	a square room 정사각형 모양의 방			

triangle 삼각형 [tráiæŋgl 트라이앵걸]	triangle	triangle	triangle	triangle
	make a triangle 삼각형을 만들다.			

1 빈칸에 알맞은 단어를 쓰세요.

1. 직사각형 그래프   _____ graph

2. 삼각형을 만들다.   make a _____

3. 둥근 접시   a _____ plate

4. 흰빵   _____ bread

5. 갈색 눈동자   _____ eyes

6. 연분홍색 장미   pale _____ roses

7. 빨간 머리의 소녀   a _____-haired girl

8. 두 줄 황색선   double _____ lines

2 단어 퍼즐에서 아래의 단어를 찾아 동그라미 치세요.

1. 동그라미
2. 회색
3. 초록
4. 분홍
5. 보라
6. 직사각형
7. 빨간

V	R	E	C	T	A	N	G	L	E
N	V	Z	J	B	P	F	T	G	D
Y	P	I	N	K	R	H	S	O	T
Y	H	H	I	C	E	J	L	H	V
F	I	I	G	C	D	V	B	I	H
V	P	U	R	P	L	E	U	G	E
J	B	G	A	F	O	J	F	R	F
J	N	X	Y	K	S	N	B	E	O
U	R	X	C	I	R	C	L	E	Z
L	W	E	X	Q	B	N	E	N	O

3 각각 뜻에 맞는 단어가 되도록 알파벳의 순서를 바로 잡아 쓰세요.

① 검정   albck   ➡

⑥ 보라   rlpepu   ➡

② 갈색   wrbno   ➡

⑦ 직사각형   rlcgneeta   ➡

③ 동그라미   clrcei   ➡

⑧ 분홍   pikn   ➡

④ 회색   gayr   ➡

⑨ 빨간   der   ➡

⑤ 초록   enreg   ➡

⑩ 둥근모양   udnro   ➡

4 주어진 낱말을 보고 영어단어로 가로 세로 퍼즐을 완성하세요.

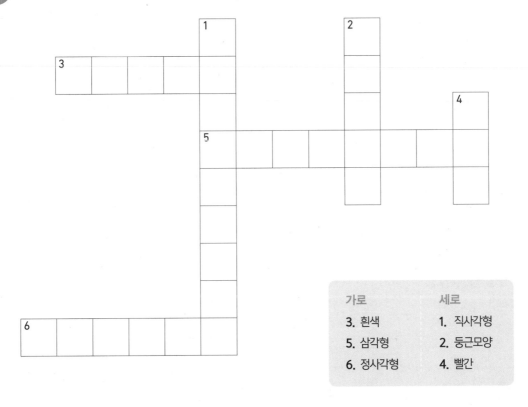

가로	세로
3. 흰색	1. 직사각형
5. 삼각형	2. 둥근모양
6. 정사각형	4. 빨간

11. TIME

morning 아침 [mɔ́ːrniŋ 모어닝]	morning	morning	morning	morning
	the early morning 이른 아침			

afternoon 점심 [æ̀ftərnúːn 에프터눈]	afternoon	afternoon	afternoon	afternoon
	afternoon tea 오후의 차[다과회]			

evening 저녁 [íːvniŋ 이브닝]	evening	evening	evening	evening
	the evening performance 저녁 공연			

again 다시, 또 [əgén 어겐]	again	again	again	again
	come[go] home again 돌아가다, 귀가하다			

next 다음 [nekst 넥스트]	next	next	next	next
	Who's next? 다음 분 누구세요?			

often 종종, 자주 [ɔ́ːfən 오픈]	often	often	often	often
	We often go there. 우리는 그곳에 자주 간다.			

ready 준비가 된 [rédi 레디]	ready	ready	ready	ready
	Dinner is ready. 식사 준비가 되었다.			

sometimes 때때로 [sʌmtàimz 썸타임즈]	sometimes	sometimes	sometimes	sometimes
	Call me sometimes 가끔 전화해			

soon 금방, 곧 [suːn 수운]	soon	soon	soon	soon
	See you soon! 잘 개[곧 또 보자]!			

than 그리고 나서 [ðən; 댄]	than	than	than	than
	He's younger than I 그는 나보다 어리다			

tonight 오늘 밤 [tənáit 투나이트]	tonight	tonight	tonight	tonight
	Are you busy tonight? 오늘 밤 바쁘니?			

when ~할 때 [hwən 웬]	when	when	when	when
	When are they to arrive? 그들은 언제 도착할 예정인가?			

daybreak 동이트다 [ˈdeɪbreɪk 데이브레익]	daybreak	daybreak	daybreak	daybreak
	toward daybreak 동이 틀 무렵에			

final 마지막의 [ˈfaɪnl 퐈이날]	final	final	final	final
	the final product 최종 산출물			

1 빈칸에 알맞은 단어를 쓰세요.

❶ 동이 틀 무렵에   toward

❷ 그는 나보다 어리다   He's younger   I

❸ 가끔 전화해   Call me

❹ 최종 산출물   the   product

❺ 다음 분 누구세요?   Who's   ?

❻ 저녁 공연   the   performance

❼ 이른 아침   the early

❽ 식사 준비가 되었다.   Dinner is

2 단어 퍼즐에서 아래의 단어를 찾아 동그라미 치세요.

❶ 아침
❷ 점심
❸ 저녁
❹ 다시
❺ 다음
❻ 자주
❼ 준비 된

Q	A	Z	N	M	O	J	I	F	Z
Y	R	U	E	F	Y	A	K	M	L
Q	E	Y	X	F	E	F	T	N	Y
N	A	X	T	T	V	T	F	A	A
G	D	I	C	A	E	E	U	I	J
I	Y	M	B	E	N	R	A	Q	C
I	M	O	R	N	I	N	G	M	P
C	O	Z	S	L	N	O	A	C	Y
D	M	Q	R	O	G	O	I	T	E
K	K	O	F	T	E	N	N	N	Q

3 각각 뜻에 맞는 단어가 되도록 알파벳의 순서를 바로 잡아 쓰세요.

❶ 아침   nimongr   ➡

❷ 점심   oeroanntf   ➡

❸ 저녁   nvegein   ➡

❹ 준비된   derya   ➡

❺ 때때로   eosstmeim   ➡

❻ 다시   igaan   ➡

❼ 다음   nxte   ➡

❽ 자주   ntfoe   ➡

❾ 금방   onos   ➡

❿ 그리고 나서   atnh   ➡

4 주어진 낱말을 보고 영어단어로 가로 세로 퍼즐을 완성하세요.

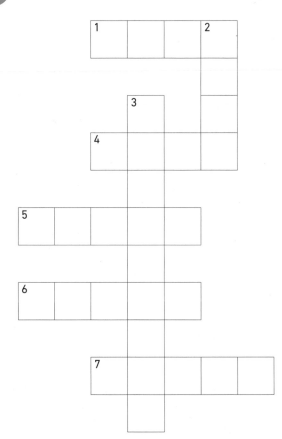

가로	세로
1. 다음	2. 그리고 나서
4. 금방	3. 때때로
5. 종종	
6. 다시	
7. 준비 된	

12. WEEKLY

Monday 월요일 [mʌndei 먼데이]	Monday	Monday	Monday	Monday
	It's Monday today, isn't it? 오늘이 월요일 맞지?			
Tuesday 화요일 [tjúːzdei 투즈데이]	Tuesday	Tuesday	Tuesday	Tuesday
	every Tuesday 매주 화요일			
Wednesday 수요일 [wénzdei 웬즈데이]	Wednesday	Wednesday	Wednesday	Wednesday
	on Wednesday afternoon 수요일 오후에			
Thursday 목요일 [θɔ́ːrzdei 써즈데이]	Thursday	Thursday	Thursday	Thursday
	Thursday is market day 목요일은 장날이다.			
Friday 금요일 [fráidei 프라이데이]	Friday	Friday	Friday	Friday
	Black Friday 블랙 프라이데이(쇼핑관련)			
Saturday 토요일 [sǽtərdi 새러데이]	Saturday	Saturday	Saturday	Saturday
	a Saturday departure [주말여행] 토요일 출발			
Sunday 일요일 [sʌndei 선데이]	Sunday	Sunday	Sunday	Sunday
	keep Sunday 일요일을 주일로 지키다.(종교)			

weekend 주말 [wiˈkeˌnd 위켄드]	weekend	weekend	weekend	weekend
	long weekend 긴 주말 연휴			

Holiday 휴일 [hɒləder 할러데이]	Holiday	Holiday	Holiday	Holiday
	Bank Holiday Monday 공휴일인 월요일			

second 초 [sékənd 세컨드]	second	second	second	second
	They had finished in seconds. 그들은 몇 초 만에 끝마쳤다			

minute 분 [mínit 미닛]	minute	minute	minute	minute
	wait a minute/moment/second 잠깐 기다리다			

hour 특정한 한 시간 [auər 아워]	hour	hour	hour	hour
	I get paid per hour. 시간당 급료를 받는다.			

time 시간 [taim 타임]	time	time	time	time
	time and space 시간과 공간			

date 날짜 [deɪt 데이트]	date	date	date	date
	What date is today? 오늘 날짜가 어떻게 되나요?			

1 빈칸에 알맞은 단어를 쓰세요.

① 긴 주말 연휴   long ⬚

② 시간과 공간   ⬚ and space

③ 잠깐 기다리다   wait a ⬚

④ 공휴일인 월요일   Bank ⬚ Monday

⑤ 수요일 오후에   on ⬚ afternoon

⑥ 매주 화요일   every ⬚

⑦ 목요일은 장날이다.   ⬚ is market day

⑧ 블랙 프라이데이   Black ⬚

2 단어 퍼즐에서 아래의 단어를 찾아 동그라미 치세요.

① 수요일
② 목요일
③ 금요일
④ 토요일
⑤ 일요일
⑥ 하루
⑦ 달, 월

B	A	Y	S	Y	C	D	N	U	B
S	S	A	T	U	R	D	A	Y	O
P	V	L	H	Z	A	K	T	U	A
W	E	D	N	E	S	D	A	Y	R
S	G	S	U	N	D	A	Y	D	X
M	A	D	A	Y	U	R	K	W	N
O	K	N	C	X	Y	C	B	I	J
N	V	Q	F	R	I	D	A	Y	O
T	H	U	R	S	D	A	Y	Z	E
H	K	S	A	V	I	N	T	L	U

3 각각 뜻에 맞는 단어가 되도록 알파벳의 순서를 바로 잡아 쓰세요.

① 분   eumnti   ➡

⑥ 주말   nedkeew ➡

② 일요일 yuasnd   ➡

⑦ 시간   mtie   ➡

③ 수요일 easdwdeny ➡

⑧ 토요일 ayuadrts ➡

④ 화요일 udseyat   ➡

⑨ 금요일 yiafdr   ➡

⑤ 월요일 dymnoa   ➡

⑩ 목요일 shdruyta ➡

4 주어진 낱말을 보고 영어단어로 가로 세로 퍼즐을 완성하세요.

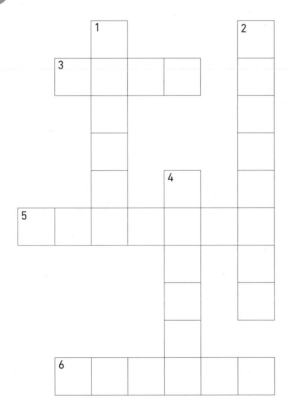

가로	세로
3. 시간	1. 분
5. 주말	2. 토요일
6. 금요일	4. 초

job 직업 [dʒab 잡]	job	job	job	job
	day job 본업, 주업			

career 경력 [kəríər 커리어]	career	career	career	career
	a change of career 직업 변경			

soldier 군인 [sóuldʒər 소울저]	soldier	soldier	soldier	soldier
	private soldier 이등병, 졸병			

reporter 통신원 [ripɔ́:rtər 리포어터]	reporter	reporter	reporter	reporter
	a junior reporter 수습기자			

builder 집짓는 사람 [bíldər 빌더]	builder	builder	builder	builder
	a builder in stone 석조 건축가.			

president 대통령 [prézədənt 프레지던트]	president	president	president	president
	be elected president 대통령에 당선되다			

pilot 조종사 [páilət 파일럿]	pilot	pilot	pilot	pilot
	a fighter pilot 전투기 조종사			

driver 운전기사 [dráivər 드라이버]	driver	driver	driver	driver
	a novice driver 초보 운전자			

baker 제빵사 [béikər 베이커]	baker	baker	baker	baker
	go to the baker's (shop) 빵집에 가다.			

politician 정치가 [pàlitíʃən 팔러티션]	politician	politician	politician	politician
	an ambitious politician 야심 많은 정치가			

model 모델 [mádl 마덜]	model	model	model	model
	a fashion model 패션모델			

nurse 간호사, 위생사 [nəːrs 너스]	nurse	nurse	nurse	nurse
	a dental nurse 치과 위생사			

captain 선장, 주장, 팀장 [kǽptin 캡틴]	captain	captain	captain	captain
	a team captain 팀장, 주장.			

singer 가수 [síŋər 싱어]	singer	singer	singer	singer
	debut as a singer 가수로 데뷔하다			

1 빈칸에 알맞은 단어를 쓰세요.

① 패션모델   a fashion

② 초보 운전자   a novice

③ 치과 위생사   a dental

④ 가수로 데뷔하다   debut as a

⑤ 전투기 조종사   a fighter

⑥ 수습기자   a junior

⑦ 직업 변경   a change of

⑧ 본업, 주업   day

2 단어 퍼즐에서 아래의 단어를 찾아 동그라미 치세요.

① 군인
② 통신원
③ 집짓는 사람
④ 대통령
⑤ 조종사
⑥ 운전기사
⑦ 제빵사
⑧ 정치가

N	P	I	L	O	T	B	P	A	R
J	R	D	B	N	Z	B	O	E	E
O	E	R	U	S	I	B	L	O	P
A	S	I	I	O	W	E	I	B	O
V	I	V	L	L	S	J	T	A	R
Z	D	E	D	D	H	K	I	K	T
U	E	R	E	I	R	Q	C	E	E
U	N	X	R	E	Q	B	I	R	R
S	T	G	P	R	H	V	A	S	J
T	P	Q	B	J	K	Q	N	U	B

3 각각 뜻에 맞는 단어가 되도록 알파벳의 순서를 바로 잡아 쓰세요.

❶ 조종사   iptol   ➡

❷ 운전기사   rvdeir   ➡

❸ 제빵사   abker   ➡

❹ 정치가   npiiltaioc   ➡

❺ 모델   edlom   ➡

❻ 직업   obj   ➡

❼ 군인   idrsleo   ➡

❽ 통신원   rorpreet   ➡

❾ 집짓는사람   ebldiru   ➡

❿ 대통령   nrteidspe   ➡

4 주어진 낱말을 보고 영어단어로 가로 세로 퍼즐을 완성하세요.

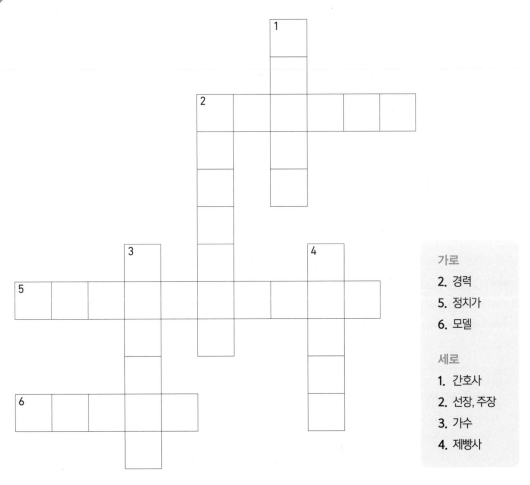

가로
2. 경력
5. 정치가
6. 모델

세로
1. 간호사
2. 선장, 주장
3. 가수
4. 제빵사

cloudy 구름 낀, 흐린 [kláudi 클라우디]	cloudy	cloudy	cloudy	cloudy
	a grey, cloudy day 잿빛으로 흐린 하루			

foggy 안개 자욱한 [fɔ́:gi 파기]	foggy	foggy	foggy	foggy
	a foggy road 안개가 낀 도로			

moonlight 달빛 [muːnlaiˌt 문라이트]	moonlight	moonlight	moonlight	moonlight
	walk in the moonlight 달빛을 받으며 걷다			

rainbow 무지개 [réinbòu 레인보우]	rainbow	rainbow	rainbow	rainbow
	There is a rainbow in the sky 하늘에 무지개가 떴다			

snowman 눈사람 [snóumæn 스노우맨]	snowman	snowman	snowman	snowman
	make a snowman 눈사람을 만들다.			

snowstorm 눈보라 [snóustòːrm 스노우스톰]	snowstorm	snowstorm	snowstorm	snowstorm
	have a snowstorm 눈보라가 치다			

snowy 눈이오는 [snóui 스노우이]	snowy	snowy	snowy	snowy
	a snowy weekend 눈이 많이 내리는 주말			

stormy 폭풍 [stɔ́ːrmi 스토어미]	stormy	stormy	stormy	stormy
	stormy seas 풍랑이 거센 바다			

sunny 맑은 [sʌ́ni 서니]	sunny	sunny	sunny	sunny
	a sunny day 화창한 날			

sunshine 햇빛 [səˈnʃaiˌn 선샤인]	sunshine	sunshine	sunshine	sunshine
	brilliant sunshine 눈부신 햇살			

umbrella 우산 [ʌmbrélə 엄브렐러]	umbrella	umbrella	umbrella	umbrella
	use a torn umbrella 찢어진 우산을 쓰다			

lightning 번개 [ˈlaɪtnɪŋ 라잇닝]	lightning	lightning	lightning	lightning
	a flash of lightning 번쩍 하는 번갯불			

shower 소나기 [ˈʃaʊə(r) 샤워]	shower	shower	shower	shower
	take a shower 샤워를 하다			

sunset 노을 [ˈsʌnset 선셋]	sunset	sunset	sunset	sunset
	a sunset glow 저녁노을			

1 빈칸에 알맞은 단어를 쓰세요.

① 샤워를 하다　　　　　Take a ⬚⬚⬚⬚⬚

② 저녁노을　　　　　　a ⬚⬚⬚⬚⬚ glow

③ 안개가 낀 도로　　　a ⬚⬚⬚⬚⬚ road

④ 눈보라가 치다　　　have a ⬚⬚⬚⬚⬚

⑤ 찢어진 우산을 쓰다　use a torn ⬚⬚⬚⬚⬚

⑥ 화창한 날　　　　　a ⬚⬚⬚⬚⬚ day

⑦ 눈사람을 만들다.　　make a ⬚⬚⬚⬚⬚

⑧ 번쩍 하는 번갯불　　a flash of ⬚⬚⬚⬚⬚

2 단어 퍼즐에서 아래의 단어를 찾아 동그라미 치세요.

① 무지개
② 눈사람
③ 눈보라
④ 눈이오는
⑤ 폭풍
⑥ 맑은

O	D	S	N	O	W	M	A	N	S
I	V	Q	H	N	R	Z	P	Y	N
S	C	H	O	P	O	Y	W	K	O
U	S	T	O	R	M	Y	B	W	W
N	T	C	Z	W	D	T	H	R	S
N	E	O	R	P	D	Z	V	D	T
Y	S	N	O	W	Y	H	O	C	O
Q	R	A	I	N	B	O	W	T	R
K	K	X	E	U	N	S	Q	K	M
Y	P	F	E	C	T	W	T	B	M

3 각각 뜻에 맞는 단어가 되도록 알파벳의 순서를 바로 잡아 쓰세요.

❶ 햇빛   sinhuens   ➡

❷ 맑은   unsyn   ➡

❸ 폭풍치는   otsyrm   ➡

❹ 눈이오는   wosyn   ➡

❺ 눈보라   nwrsootms   ➡

❻ 눈사람   mnwsnao   ➡

❼ 무지개   rwnaiob   ➡

❽ 달빛   oimhltnog   ➡

❾ 안개 낀   gofgy   ➡

❿ 구름 낀   cdouly   ➡

4 주어진 낱말을 보고 영어단어로 가로 세로 퍼즐을 완성하세요.

가로
5. 눈보라
6. 맑은

세로
1. 눈이오는
2. 우산
3. 햇빛
4. 폭풍

63

classmate	classmate	classmate	classmate
classmate classmate 반친구 [klǽsmeiˌt 클래스메이트]	Elementary school classmate? 초등학교 동창입니까?		

dictionary	dictionary	dictionary	dictionary
dictionary 사전 [díkʃənèri 딕셔네어리]	She's a walking dictionary. 그녀는 걸어 다니는 사전이다.		

eraser	eraser	eraser	eraser
eraser 지우개 [iréisər 이레이서]	a rubber eraser 고무지우개		

graduate	graduate	graduate	graduate
graduate 졸업생 [grǽdʒuət 그래지에이트]	a Yale graduate 예일대 졸업자		

pencil	pencil	pencil	pencil
pencil 연필 [pénsəl 펜설]	pencil case 필통		

picnic	picnic	picnic	picnic
picnic 소풍 [píknik 피크닉]	a picnic lunch 소풍 도시락		

principal	principal	principal	principal
principal 교장 [prínsəpəl 프린스펄]	vice principal 교감 선생님		

book 책 [buk 북]	book	book	book	book
	an exercise book 연습장			

ruler 자 [rúːlər 룰러]	ruler	ruler	ruler	ruler
	a graduated ruler 눈금자			

quiz 시험, 퀴즈 [kwiz 퀴즈]	quiz	quiz	quiz	quiz
	a nonsense quiz 난센스 퀴즈			

scissors 가위 [sízərz 시저스]	scissors	scissors	scissors	scissors
	a pair of scissors 가위 하나			

textbook 교과서 [teˈkstbuˌk 텍스트북]	textbook	textbook	textbook	textbook
	an English textbook 영어 교과서			

timetable 시간표 [taiˈmteiˌbəl 타임테이블]	timetable	timetable	timetable	timetable
	make timetable 시간표를 만들다			

vacation 방학 [veikéiʃən 베이케이션]	vacation	vacation	vacation	vacation
	summer vacation 여름방학			

1 빈칸에 알맞은 단어를 쓰세요.

❶ 여름방학   summer ⬚

❷ 영어 교과서   an English ⬚

❸ 난센스 퀴즈   a nonsense ⬚

❹ 시간표를 만들다   make ⬚

❺ 소풍 도시락   a ⬚ lunch

❻ 필통   ⬚ case

❼ 고무지우개   a rubber ⬚

❽ 가위 하나   a pair of ⬚

2 단어 퍼즐에서 아래의 단어를 찾아 동그라미 치세요.

❶ 연필
❷ 소풍
❸ 교장
❹ 퀴즈
❺ 자
❻ 가위
❼ 학생

S	T	U	D	E	N	T	Y	A	F
C	N	F	W	P	Y	K	K	D	Z
I	E	D	I	R	P	L	O	C	R
S	P	J	H	I	L	O	Q	W	U
S	I	N	A	N	Z	V	U	P	L
O	C	A	Q	C	N	D	I	B	E
R	N	E	F	I	G	Z	Z	F	R
S	I	Z	X	P	E	N	C	I	L
P	C	Z	D	A	V	A	Y	R	O
W	S	F	C	L	E	U	U	K	Z

3 각각 뜻에 맞는 단어가 되도록 알파벳의 순서를 바로 잡아 쓰세요.

① 퀴즈　zqiu　➡

⑥ 지우개　aerers　➡

② 교장　iplcprian　➡

⑦ 사전　aondciiyrt　➡

③ 소풍　cinpci　➡

⑧ 자　erlur　➡

④ 연필　lincep　➡

⑨ 반친구　lmscaseat　➡

⑤ 졸업생　tauegadr　➡

⑩ 책　okbo　➡

4 주어진 낱말을 보고 영어단어로 가로 세로 퍼즐을 완성하세요.

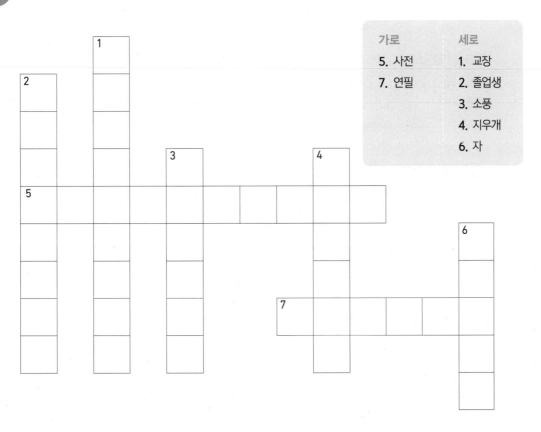

가로	세로
5. 사전	1. 교장
7. 연필	2. 졸업생
	3. 소풍
	4. 지우개
	6. 자

16. INSECT & ANIMAL

insect 곤충 [ínsekt 인섹트]	insect	insect	insect	insect
	insect plague 곤충의 피해			

dinosaur 공룡 [dáinəsɔ̀ːr 다이노소어]	dinosaur	dinosaur	dinosaur	dinosaur
	dinosaur fossil 공룡 화석			

dragonfly 잠자리 ['drægənflaɪ 드레곤플라이]	dragonfly	dragonfly	dragonfly	dragonfly
	a red dragonfly 고추잠자리			

eagle 독수리 [íːgl 이글]	eagle	eagle	eagle	eagle
	bald eagle 흰머리독수리			

hedgehog 고슴도치 [heˈʤhaˌg 헤지하그]	hedgehog	hedgehog	hedgehog	hedgehog
	The hedgehog shrinks 고슴도치가 몸을 움츠리다			

ladybug 무당벌레 [léidibʌg 레이디버그]	ladybug	ladybug	ladybug	ladybug
	Ladybugs are found worldwide 무당벌레는 전세계에서 발견된다			

owl 올빼미 [aul 아울]	owl	owl	owl	owl
	Have you seen an owl? 부엉이를 본적이 있나요?			

pigeon 비둘기 [pídʒən 피전]	pigeon	pigeon	pigeon	pigeon
	the sound of pigeons cooing 비둘기들이 구구거리는 소리			

puppy 강아지 [pʌpi 퍼피]	puppy	puppy	puppy	puppy
	a frisky puppy 장난을 치는 강아지			

reptile 파충류 [réptil 렙타일]	reptile	reptile	reptile	reptile
	Alligator is a large reptile 악어는 큰 파충류이다			

woodpecker 딱따구리 [wúdpèkər 우드페커]	woodpecker	woodpecker	woodpecker	woodpecker
	Woodpeckers tear up in trees 딱따구리가 나무에 구멍을 낸다			

zebra 얼룩말 [zíːbrə 지이브라]	zebra	zebra	zebra	zebra
	The lion sprang at a zebra 사자가 얼룩말에게 달려들었다			

rabbit 토끼 ['ræbɪt 라빗]	rabbit	rabbit	rabbit	rabbit
	The rabbit and the turtle met 토끼와 거북이가 만났다			

frog 개구리 [frɔːg 플러그]	frog	frog	frog	frog
	the croaking of frogs 개구리들이 개굴개굴 하는 소리			

REVIEW TEST

1 빈칸에 알맞은 단어를 쓰세요.

❶ 장난을 치는 강아지   a frisky ⬜

❷ 토끼와 거북이가 만났다   The ⬜ and the turtle met

❸ 악어는 큰 파충류이다   Alligator is a large ⬜

❹ 사자가 얼룩말에게 달려들었다   The lion sprang at a ⬜

❺ 공룡 화석   ⬜ fossil

❻ 고슴도치가 몸을 움츠리다   The ⬜ shrinks

❼ 고추잠자리   a red ⬜

❽ 곤충의 피해   ⬜ plague

2 단어 퍼즐에서 아래의 단어를 찾아 동그라미 치세요.

❶ 올빼미
❷ 비둘기
❸ 강아지
❹ 파충류
❺ 딱따구리
❻ 얼룩말

K	T	X	S	B	M	H	M	U	V
Y	P	V	G	R	R	S	R	I	E
X	P	I	G	E	O	N	N	F	V
W	O	O	D	P	E	C	K	E	R
I	Q	E	A	T	C	A	B	Q	K
H	Z	X	V	I	Z	W	F	H	O
L	E	Y	C	L	A	G	C	F	W
J	B	T	U	E	P	P	G	M	L
V	R	U	W	X	S	E	T	J	W
P	A	P	U	P	P	Y	B	P	D

3 각각 뜻에 맞는 단어가 되도록 알파벳의 순서를 바로 잡아 쓰세요.

❶ 무당벌레 lbdaygu ➡

❻ 공룡 nsdauior ➡

❷ 올빼미 lwo ➡

❼ 잠자리 ynflogdra ➡

❸ 비둘기 goienp ➡

❽ 독수리 elgea ➡

❹ 강아지 yuppp ➡

❾ 고슴도치 gehohdeg ➡

❺ 파충류 ereiplt ➡

❿ 곤충 snicte ➡

4 주어진 낱말을 보고 영어단어로 가로 세로 퍼즐을 완성하세요.

가로	세로
2. 강아지	1. 파충류
5. 비둘기	3. 곤충
7. 딱따구리	4. 무당벌레
	6. 올빼미

window 창문 [wíndou 윈도우]	window	window	window	window
	a broken window 깨진 창문			

chimney 굴뚝 [tʃímni 침미]	chimney	chimney	chimney	chimney
	chimney sweeping 굴뚝 청소			

pillow 베개 [pílou 필로우]	pillow	pillow	pillow	pillow
	use a pillow 베개를 베다			

apartment 아파트 [əpáːrtmənt 어파아트먼트]	apartment	apartment	apartment	apartment
	live in an apartment 아파트에 살다			

upstairs 위층 [ʌpstéərz 업스테어즈]	upstairs	upstairs	upstairs	upstairs
	Come upstairs. 윗층으로 올라오세요			

downstairs 아래층 [dáunstéərz 다운스테어즈]	downstairs	downstairs	downstairs	downstairs
	a downstairs bathroom 아래층 욕실[화장실]			

closet 벽장 [klázit 클라짓]	closet	closet	closet	closet
	walk-in closet 사람이 서서 드나들 수 있는 벽장			

ceiling 천장 [síːliŋ 실링]	ceiling	ceiling	ceiling	ceiling
	paper the ceiling 천장을 도배하다			

roof 지붕 [ruːf 루프]	roof	roof	roof	roof
	live under the same roof 한 지붕아래 살다			

blanket 담요 [blǽŋkit 블랭컷]	blanket	blanket	blanket	blanket
	sleep under a blanket 담요를 덮고 자다.			

table 식탁 [téibl 테이블]	table	table	table	table
	a kitchen table 부엌 식탁			

door 문 [dɔːr 도어]	door	door	door	door
	a knock on the door 문을 노크하는 소리			

bed 침대 [bed 베드]	bed	bed	bed	bed
	a single/double bed 일인용/이인용 침대			

bookshelf 책장 [búkʃeˌlf 북셸프]	bookshelf	bookshelf	bookshelf	bookshelf
	the furniture of a bookshelf 책장의 책			

1 빈칸에 알맞은 단어를 쓰세요.

① 문을 노크하는 소리   a knock on the

② 부엌 식탁   a kitchen

③ 담요를 덮고 자다   sleep under a

④ 천장을 도배하다   paper the

⑤ 베개를 베다   use a

⑥ 깨진 창문   a broken

⑦ 윗층으로 올라오세요   Come

⑧ 굴뚝 청소   sweeping

2 단어 퍼즐에서 아래의 단어를 찾아 동그라미 치세요.

① 아파트
② 위층
③ 벽장
④ 아래층
⑤ 천장
⑥ 지붕

F	X	Y	I	Z	O	E	R	L	S
D	O	W	N	S	T	A	I	R	S
U	J	P	Q	J	Z	T	S	C	S
P	C	L	O	S	E	T	G	E	U
S	Z	X	W	J	O	M	N	I	K
T	A	K	B	I	V	S	I	L	E
A	Z	P	C	G	W	W	R	I	C
I	A	P	A	R	T	M	E	N	T
R	O	O	F	T	G	U	B	G	U
S	L	F	X	H	T	X	D	B	F

3 각각 뜻에 맞는 단어가 되도록 알파벳의 순서를 바로 잡아 쓰세요.

❶ 베개   pwloil   ➡

❷ 굴뚝   ceihmyn   ➡

❸ 창문   diwwon   ➡

❹ 아파트   maeptnrat   ➡

❺ 위층   rpsiasut   ➡

❻ 벽장   eltosc   ➡

❼ 아래층   anrsdsiwot   ➡

❽ 천장   niiglce   ➡

❾ 지붕   oofr   ➡

❿ 담요   kntblea   ➡

4 주어진 낱말을 보고 영어단어로 가로 세로 퍼즐을 완성하세요.

가로
3. 식탁
5. 아래층
7. 벽장
8. 문

세로
1. 천장
2. 담요
4. 위층
6. 지붕

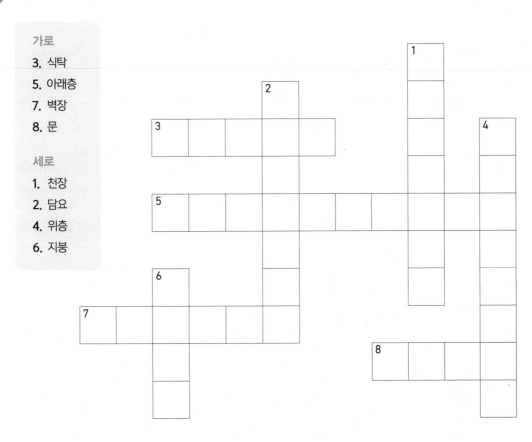

drawer 서랍 [drɔ́:ər 드로어]	drawer	drawer	drawer	drawer
	the top[bottom] drawer 맨 위[아래] 서랍			
fireplace 벽난로 [faiˈərpleiˌs] 파이어플레이스	fireplace	fireplace	fireplace	fireplace
	make a fire in the furnace 벽난로에 불을 때다			
sofa 쇼파 [ˈsoufə 쇼퍼]	sofa	sofa	sofa	sofa
	watch TV sitting on a sofa 소파에 앉아서 TV를 보다			
cleaner 청소기 [ˈkliːnə(r) 클리너]	cleaner	cleaner	cleaner	cleaner
	The cleaner is shot 청소기가 고장났다.			
floor 마루 [flɔːr 플로어]	floor	floor	floor	floor
	The floor is freezing. 마루가 얼음처럼 차갑다.			
hairbrush 머리빗 [herbrʌʃ 헤어브러쉬]	hairbrush	hairbrush	hairbrush	hairbrush
	Can I get a new hairbrush? 머리빗을 새로 살 수 있을까요?			
lamp 등 [læmp 램프]	lamp	lamp	lamp	lamp
	Turn on the lamp 등을 켜다			

newspaper 신문 [nuˈzpeiˌpər 누스페이퍼]	newspaper	newspaper	newspaper	newspaper
	weekly newspaper 주간신문			

telephone 전화 [téləfòun 텔러포운]	telephone	telephone	telephone	telephone
	a public telephone 공중전화			

toothbrush 칫솔 [tuˈθbrəʃ 투쓰브러쉬]	toothbrush	toothbrush	toothbrush	toothbrush
	Which one is my toothbrush? 어떻게 내 칫솔이야?			

towel 수건 [táuəl 타월]	towel	towel	towel	towel
	wet a towel 수건을 적시다			

wastebasket 쓰레기통 [wéistbæskit 웨이스트배스킷]	wastebasket	wastebasket	wastebasket	wastebasket
	empty the wastebasket 쓰레기통을 비우다.			

mirror 거울 [ˈmɪrə 미러]	mirror	mirror	mirror	mirror
	a side-view mirror (자동차의) 사이드 미러			

spoon 숟가락 [spuːn 스푸운]	spoon	spoon	spoon	spoon
	a soup spoon 수프 스푼			

1 빈칸에 알맞은 단어를 쓰세요.

① 수건을 적시다   wet a _____

② 수프 스푼   a soup _____

③ 쓰레기통을 비우다.   empty the _____

④ 주간신문   weekly _____

⑤ 등을 켜다   Turn on the _____

⑥ 청소기가 고장났다.   the _____ is shot

⑦ 공중전화   a public _____

⑧ 마루가 얼음처럼 차갑다. The _____ is freezing.

2 단어 퍼즐에서 아래의 단어를 찾아 동그라미 치세요.

① 머리빗
② 등
③ 신문
④ 전화기
⑤ 칫솔
⑥ 수건

T	P	Q	W	F	N	V	W	S	J
O	J	R	B	E	H	W	T	S	Q
O	R	G	O	Q	G	Y	P	W	O
T	E	L	E	P	H	O	N	E	P
H	N	E	W	S	P	A	P	E	R
B	F	F	F	G	M	L	Q	A	I
R	K	T	H	T	T	A	D	L	H
U	H	A	I	R	B	R	U	S	H
S	E	O	L	A	M	P	P	H	M
H	L	J	T	O	W	E	L	I	Z

3 각각 뜻에 맞는 단어가 되도록 알파벳의 순서를 바로 잡아 쓰세요.

① 머리빗 baurhirsh ➡

⑥ 소파 fsoa ➡

② 등 lpma ➡

⑦ 거울 rrmroi ➡

③ 신문 eesarwppn ➡

⑧ 서랍 darrew ➡

④ 전화 oelphneet ➡

⑨ 벽난로 erlipfcea ➡

⑤ 칫솔 hobhtostur ➡

⑩ 마루 forlo ➡

4 주어진 낱말을 보고 영어단어로 가로 세로 퍼즐을 완성하세요.

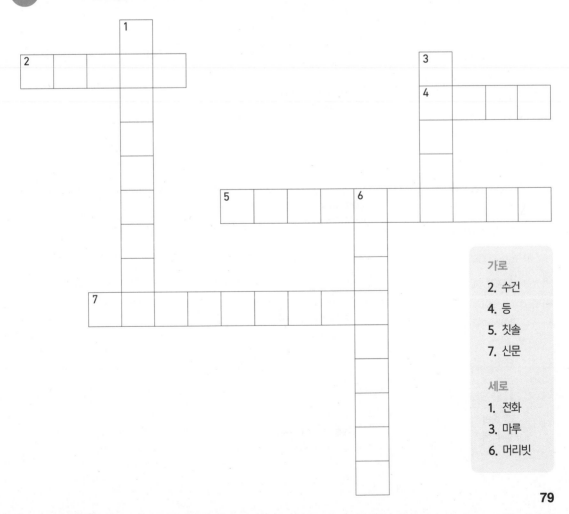

가로
2. 수건
4. 등
5. 칫솔
7. 신문

세로
1. 전화
3. 마루
6. 머리빗

ear 귀 [iər 이어]	ear	ear	ear	ear
	an ear infection 귓병			

forehead 이마 [fɔ́ːrid 포어헤드]	forehead	forehead	forehead	forehead
	have a broad[narrow] forehead 이마가 넓다[좁다]			

back 등 [bæk 백]	back	back	back	back
	back to back 서로 등을 맞대고			

finger 손가락 [fíŋgər 핑거]	finger	finger	finger	finger
	the little finger 새끼손가락			

hair 머리카락 [hɛər 헤어]	hair	hair	hair	hair
	to comb/brush your hair 머리를 (빗으로/솔빗으로) 빗다			

hand 손 [hænd 핸드]	hand	hand	hand	hand
	a hand towel 손 닦는 수건			

head 머리 [hed 헤드]	head	head	head	head
	Use your head. 머리를 써라.			

mouth 입 [mauθ 마우쓰]	mouth	mouth	mouth	mouth
	Watch your mouth! 당신 입 조심해요!			

nose 코 [nouz 노우즈]	nose	nose	nose	nose
	a blocked/runny nose 막힌/콧물이 흐르는 코			

shoulder 어깨 [ʃóuldər 쇼울더]	shoulder	shoulder	shoulder	shoulder
	over my shoulder 내 어깨 넘어로			

thumb 엄지 [θʌm 썸]	thumb	thumb	thumb	thumb
	Stop sucking your thumb! 엄지손가락 빨지 마!			

toe 발가락 [tou 토우]	toe	toe	toe	toe
	big/little toe 큰[엄지]/작은[새끼] 발가락			

tummy 배 [tʌmi 터미]	tummy	tummy	tummy	tummy
	Mum, my tummy hurts 엄마, 나 배 아파요.			

face 얼굴 [feɪs 페이스]	face	face	face	face
	a sad/happy/smiling face 슬픈/행복한/웃는 얼굴			

1 빈칸에 알맞은 단어를 쓰세요.

❶ 당신 입 조심해요!   Watch your _____ !

❷ 엄마, 나 배 아파요.   Mum, my _____ hurts

❸ 웃는 얼굴   smiling _____

❹ 내 어깨 넘어로   over my _____

❺ 손 닦는 수건   a _____ towel

❻ 머리를 써라.   Use your _____

❼ 귓병   an _____ infection

❽ 새끼손가락   the little _____

2 단어 퍼즐에서 아래의 단어를 찾아 동그라미 치세요.

❶ 등
❷ 귀
❸ 손가락
❹ 이마
❺ 머리카락
❻ 손
❼ 머리

H	A	I	R	R	G	S	C	D	T
R	I	S	B	F	I	N	G	E	R
M	J	Z	A	O	Z	S	E	H	X
Z	U	E	C	R	H	Q	V	M	I
U	O	T	K	E	A	R	Q	B	H
V	W	E	Q	H	Q	H	U	Y	D
W	J	C	G	E	A	N	J	C	Q
C	Q	Z	F	A	X	W	W	G	G
L	H	A	N	D	E	V	B	L	V
U	B	W	H	E	A	D	U	C	C

3 각각 뜻에 맞는 단어가 되도록 알파벳의 순서를 바로 잡아 쓰세요.

① 어깨　oslerduh　➡　

② 코　noes　➡　

③ 입　otumh　➡　

④ 머리　eadh　➡　

⑤ 손　hnda　➡　

⑥ 머리카락　hira　➡　

⑦ 이마　deherfao　➡　

⑧ 손가락　geirfn　➡　

⑨ 귀　rae　➡　

⑩ 등　kcba　➡　

4 주어진 낱말을 보고 영어단어로 가로 세로 퍼즐을 완성하세요.

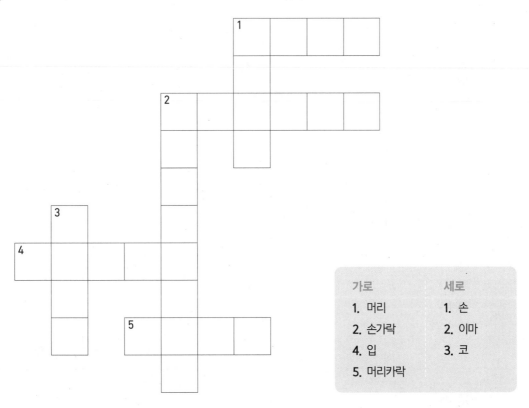

가로	세로
1. 머리	1. 손
2. 손가락	2. 이마
4. 입	3. 코
5. 머리카락	

football 축구 ['fʊtbɔːl 풋볼]	football	football	football	football
	to play football 축구를 하다			

baseball 야구 ['beɪsbɔːl 베이스볼]	baseball	baseball	baseball	baseball
	a baseball bat/team/stadium 야구 방망이[배트]/야구팀/야구장			

badminton 베드민턴 ['bædmɪntən 베드민톤]	badminton	badminton	badminton	badminton
	badminton net 배드민턴용 네트.			

tennis 테니스 ['tenɪs 테니이스]	tennis	tennis	tennis	tennis
	a tennis match 테니스 경기			

swim 수영 [swɪm 수임]	swim	swim	swim	swim
	I can't swim. 난 수영을 못 해.			

run 달리다 [rʌn 러언]	run	run	run	run
	run back 달려서 돌아오다			

judo 유도 [-doʊ 쥬도]	judo	judo	judo	judo
	He does judo. 그는 유도를 한다.			

volleyball 배구 [vɑ:libɔ:l 발리볼]	volleyball	volleyball	volleyball	volleyball
	a volleyball court 배구 코트			

rugby 럭비 [ˈrʌgbi 럽비]	rugby	rugby	rugby	rugby
	Rugby balls are oval 럭비공은 타원형이다			

riding 승마 [ˈraɪdɪŋ 라이딩]	riding	riding	riding	riding
	take riding lessons 승마를 배우다			

bowling 볼링 [boulɪŋ 보오링]	bowling	bowling	bowling	bowling
	go in for bowling 볼링에 취미를 붙이다.			

climbing 등산 [ˈklaɪmɪŋ 클레밍]	climbing	climbing	climbing	climbing
	a climbing accident 등반[등산] 사고			

fishing 낚시 [ˈfiʃɪŋ 피싱]	fishing	fishing	fishing	fishing
	fishing grounds 어장			

golf 골프 [gɑ:lf 고올프]	golf	golf	golf	golf
	swing a golf club 골프채를 휘두르다			

1 빈칸에 알맞은 단어를 쓰세요.

① 승마를 배우다   take   lessons

② 배구 코트   a   court

③ 볼링에 취미를 붙이다   go in for

④ 골프채를 휘두르다   swing a   club

⑤ 난 수영을 못 해   I can't

⑥ 테니스 경기   a   match

⑦ 축구를 하다   to play

⑧ 배드민턴용 네트   net

2 단어 퍼즐에서 아래의 단어를 찾아 동그라미 치세요.

① 축구
② 야구
③ 베드민턴
④ 테니스
⑤ 수영
⑥ 달리다

T	W	L	B	N	G	Z	Z	N	D
E	L	U	Y	A	S	W	I	M	N
N	U	J	A	X	T	A	R	U	N
N	S	V	L	H	K	I	M	Q	M
I	A	W	U	M	P	I	S	L	I
S	N	V	Y	B	C	W	Y	M	E
D	F	O	O	T	B	A	L	L	S
C	V	N	F	Z	Y	T	Q	Z	C
D	B	A	D	M	I	N	T	O	N
L	B	A	S	E	B	A	L	L	R

3 각각 뜻에 맞는 단어가 되도록 알파벳의 순서를 바로 잡아 쓰세요.

❶ 테니스   neisnt   ➡

❷ 수영   wsmi   ➡

❸ 달리다   urn   ➡

❹ 유도   jdou   ➡

❺ 배구   llbvaelylo   ➡

❻ 럭비   rgbyu   ➡

❼ 승마   idgirn   ➡

❽ 볼링   lobnigw   ➡

❾ 등산   minlgicb   ➡

❿ 낚시   isingfh   ➡

4 주어진 낱말을 보고 영어단어로 가로 세로 퍼즐을 완성하세요.

가로	세로
3. 승마	1. 배구
5. 등산	2. 낚시
6. 볼링	3. 럭비
	4. 골프

정답

1. Food – I

1.
   - ❶ hamburger
   - ❷ rice
   - ❸ flour
   - ❹ bacon
   - ❺ onion
   - ❻ sausage
   - ❼ chicken
   - ❽ sandwich

2.

3.
   - ❶ bacon
   - ❷ beef
   - ❸ cheese
   - ❹ chicken
   - ❺ chips
   - ❻ flour
   - ❼ hamburger
   - ❽ pasta
   - ❾ pepper
   - ❿ pizza

4.

2. Food – II

1.
   - ❶ sugar
   - ❷ water
   - ❸ pie
   - ❹ cookie
   - ❺ cocoa
   - ❻ carrot
   - ❼ sweet
   - ❽ cake

2.

3.
   - ❶ cake
   - ❷ chocolate
   - ❸ cocoa
   - ❹ cookie
   - ❺ juice
   - ❻ milk
   - ❼ pie
   - ❽ salt
   - ❾ sugar
   - ❿ sweet

4.

3. Transportation

1.
   - ❶ helicopter
   - ❷ train
   - ❸ bicycle
   - ❹ ambulance
   - ❺ motorcycle
   - ❻ bus
   - ❼ subway
   - ❽ car

2.

3.
   - ❶ airplane
   - ❷ ambulance
   - ❸ balloon
   - ❹ bicycle
   - ❺ boat
   - ❻ bus
   - ❼ car
   - ❽ helicopter
   - ❾ motorcycle
   - ❿ subway

4.

4. People

1.
   - ❶ person
   - ❷ people
   - ❸ youth
   - ❹ teenager
   - ❺ name
   - ❻ baby
   - ❼ children
   - ❽ adult

2.

```
W B E K P D X W V G
R T G I R L K Q V P
S H V K E X K Z R P
P Y L N D B U H X P
P C H I L D R E N E
E B A B Y U P I T R
O L D O J Q O R A S
P A F Q F N A M E O
L P G R Z V J O K N
E O I B O Y E B T X
```

3.
1. adult
2. baby
3. boy
4. children
5. girl
6. name
7. old
8. people
9. person
10. pregnant

4.

```
        W
      Y O U N G
    P O
  P R E G N A N T
    O   M
    P   Y
    L   Y
  P E R S O N
    E   O
        U
        T
        H
```

5. Family

1.
1. brother
2. father
3. cousin
4. grandmother
5. nephew
6. husband
7. parents
8. son

2.

```
C O U S I N W L A F
Z Y S L U T F W Y B
N Y O G S D A K T R
A D A U G H T E R O
X Z K W C P H A N T
X Q H J U Y E U R H
B Q E J T C R N C E
O X A G H C W T T R
U X F B E F W O O G
R O X U W H N Y O A
```

3.
1. aunt
2. brother
3. cousin
4. daughter
5. father
6. grandfather
7. grandmother
8. husband
9. mother
10. nephew

4.

```
              U
              N
              C
            N E P H E W
          M   L
      S O N A
          T R
          H U S B A N D
          E N
          R T
  S I S T E R S
```

6. Town

1.
1. shop
2. town
3. park
4. kindergarten
5. bridge
6. bank
7. library
8. cafe

2.

```
N B S D S A R P Q K
L U M K G B X J J M
W I X B R I D G E G
V L N M C H U R C H
I D J L I B R A R Y
G I C A P I T A L X
R N W N H O T E L J
B G B A N K X Y B K
Q U L J Q V I Z V L
D J F V T R P W H U
```

3.
1. bank
2. bridge
3. building
4. cafe
5. church
6. hotel
7. library
8. market
9. park
10. shop

4.

```
H O T E L           M
      I         C A F É
      B         A R
C H U R C H     B C K
      A   B   C E
      R E S T A U R A N T
      Y   I   P T
          L   I
          D   T
          I   A
          N   L
          G
```

7. Animal

1.
1. donkey
2. gorilla
3. dog
4. cat
5. pig
6. sheep
7. raccoon
8. koala

2.

3.
- ❶ cat
- ❷ dog
- ❸ donkey
- ❹ elephant
- ❺ goat
- ❻ gorilla
- ❼ kangaroo
- ❽ koala
- ❾ lion
- ❿ monkey

4.

8. Fruit

1.
- ❶ peach
- ❷ pineapple
- ❸ strawberry
- ❹ pear
- ❺ lemon
- ❻ cherry
- ❼ apple
- ❽ grapes

2.

3.
- ❶ apple
- ❷ avocado
- ❸ banana
- ❹ cherry
- ❺ grapes
- ❻ lemon
- ❼ mango
- ❽ orange
- ❾ papaya
- ❿ pear

4.

9. A Year

1.
- ❶ November
- ❷ December
- ❸ June
- ❹ July
- ❺ May
- ❻ March
- ❼ April
- ❽ month

2.

3.
- ❶ January
- ❷ February
- ❸ March
- ❹ April
- ❺ June
- ❻ July
- ❼ August
- ❽ September
- ❾ October
- ❿ December

4.

10. Color & Shapes

1.
- ❶ rectangle
- ❷ triangle
- ❸ round
- ❹ white
- ❺ brown
- ❻ pink
- ❼ red
- ❽ yellow

2.

3.
① black   ⑥ purple
② brown   ⑦ rectangle
③ circle   ⑧ pink
④ gray   ⑨ red
⑤ green   ⑩ round

4.

11. Time

1.
① daybreak   ⑤ next
② than   ⑥ evening
③ sometimes   ⑦ morning
④ final   ⑧ ready

2.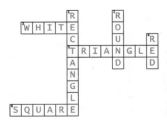

3.
① morning   ⑥ again
② afternoon   ⑦ next
③ evening   ⑧ often
④ ready   ⑨ soon
⑤ sometimes   ⑩ than

4.

12. Weekly

1.
① weekend   ⑤ Wednesday
② time   ⑥ Tuesday
③ minute   ⑦ Thursday
④ Holiday   ⑧ Friday

2.

3.
① minute   ⑥ weekend
② Sunday   ⑦ time
③ Wednesday   ⑧ Saturday
④ Tuesday   ⑨ Friday
⑤ Monday   ⑩ Thursday

4.

13. Job

1.
① model   ⑤ pilot
② driver   ⑥ reporter
③ nurse   ⑦ career
④ singer   ⑧ job

2.

3.
- ① pilot
- ② driver
- ③ baker
- ④ politician
- ⑤ model
- ⑥ job
- ⑦ soldier
- ⑧ reporter
- ⑨ builder
- ⑩ president

4.

14. Weather

1.
- ① shower
- ② sunset
- ③ foggy
- ④ snowstorm
- ⑤ umbrella
- ⑥ sunny
- ⑦ snowman
- ⑧ lightning

2.

3.
- ① sunshine
- ② sunny
- ③ stormy
- ④ snowy
- ⑤ snowstorm
- ⑥ snowman
- ⑦ rainbow
- ⑧ moonlight
- ⑨ foggy
- ⑩ cloudy

4.

15. School

1.
- ① vacation
- ② textbook
- ③ quiz
- ④ timetable
- ⑤ picnic
- ⑥ pencil
- ⑦ eraser
- ⑧ scissors

2.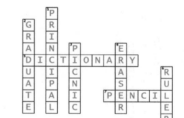

3.
- ① quiz
- ② principal
- ③ picnic
- ④ pencil
- ⑤ graduate
- ⑥ eraser
- ⑦ dictionary
- ⑧ ruler
- ⑨ classmate
- ⑩ book

4.

16. Insect & Animal

1.
- ① puppy
- ② rabbit
- ③ reptile
- ④ zebra
- ⑤ dinosaur
- ⑥ hedgehog
- ⑦ dragonfly
- ⑧ insect

2.

```
K T X S B M H M U V
Y P V G R R S R I E
X P I G E O N N F V
W O O D P E C K E R
I Q E A T C A B Q K
H Z X V I Z W F H O
L E Y C L A G C F W
J B T U E P P G M L
V R U W X S E T J W
P A P U P P Y B P D
```

3.
- ❶ ladybug
- ❷ owl
- ❸ pigeon
- ❹ puppy
- ❺ reptile
- ❻ dinosaur
- ❼ dragonfly
- ❽ eagle
- ❾ hedgehog
- ❿ insect

4.

17. House - I

1.
- ❶ door
- ❷ table
- ❸ blanket
- ❹ ceiling
- ❺ pillow
- ❻ window
- ❼ upstairs
- ❽ chimney

2.

```
F X Y I Z O E R L S
D O W N S T A I R S
U J P Q J Z T S C S
P C L O S E T G E U
S Z X W J O M N I K
T A K B I V S I L E
A Z P C G W W R I C
I A P A R T M E N T
R O O F T G U B G U
S L F X H T X D B F
```

3.
- ❶ pillow
- ❷ chimney
- ❸ window
- ❹ apartment
- ❺ upstairs
- ❻ closet
- ❼ downstairs
- ❽ ceiling
- ❾ roof
- ❿ blanket

4.

18. House - II

1.
- ❶ towel
- ❷ spoon
- ❸ wastebasket
- ❹ newspaper
- ❺ lamp
- ❻ cleaner
- ❼ telephone
- ❽ floor

2.

```
T P Q W F N V W S J
O J R B E H W T D Q
O R G P Q G Y P W O
T E L E P H O N E P
H N E W S P A P E R
B F F F G M L Q A I
R K T H T T A D L H
U H A I R B R U S H
S E O L A M P P H M
H L J T O W E L I Z
```

3.
- ❶ hairbrush
- ❷ lamp
- ❸ newspaper
- ❹ telephone
- ❺ toothbrush
- ❻ sofa
- ❼ mirror
- ❽ drawer
- ❾ fireplace
- ❿ floor

4.

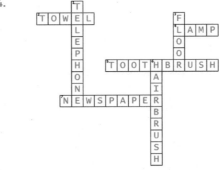

19. Body

1.
- ❶ mouth
- ❷ tummy
- ❸ face
- ❹ shoulder
- ❺ hand
- ❻ head
- ❼ ear
- ❽ finger

2.

3.

1. shoulder
2. nose
3. mouth
4. head
5. hand
6. hair
7. forehead
8. finger
9. ear
10. back

4.

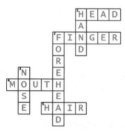

4.

20. Sport

1.

1. riding
2. volleyball
3. bowling
4. golf
5. swim
6. tennis
7. football
8. badminton

2.

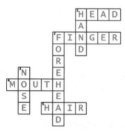

3.

1. tennis
2. swim
3. run
4. judo
5. volleyball
6. rugby
7. riding
8. bowling
9. climbing
10. fishing

MEMO

MEMO